Mannequin de notre époque

Vandana Kumar

Traduit par Vatsala Radhakeesoon

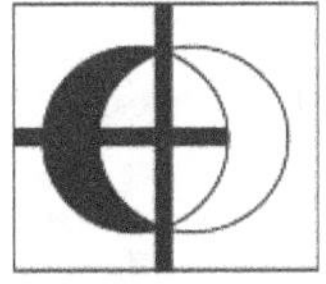

Transcendent Zero Press
Houston, Texas

ISBN: 978-1-946460-78-3

Managing Editor :Dustin Picketing

Edited by :Candice Louisa Daquin

Cover Artwork :Sharad Raj

Cover Design :Sharad Raj

Mannequin de notre époque

Vandana Kumar

Traduit par Vatsala Radhakeesoon

Peut-être que l'incompréhension
m'a entrainé jusqu'à la méfiance
de tous débuts et fins
Aimons donc –
au milieu d'une saison

Vandana Kumar

Pour baba, dans un monde inconnu, ailleurs
Avec tout mon amour d'ici

Préface
Par Kashiana Singh

Nous avons fait des listes d'objets hérités.

Si je devais faire une liste de ce que cette collection m'a laissé, ce serait des possibilités et des gens et souvent les deux co-existant parmi les poèmes.

Très souvent, il me faut du temps et aussi observer l'évolution des choses pour créer une collection de dimensionalité. Ce recueil m'a émerveillé par sa poésie et aussi bien que par sa dimensionalité. Ces poèmes sont illimités, répandant leurs ailes en ce qui concerne des thèmes et aussi d'expression poétique.

quand nous baladons au centre-ville
où le fameux voisinage froncerait les sourcils
transformons le quartier païen
en croyant de ce jeu de l'amour

Ce qui m'a frappé dès que j'avais terminé la lecture de deux tiers de ce recueil, c'est qu'il y avait un élément de rêverie dans l'écriture de Vandana. Parmi les poèmes qui m'ont paru excellents dans ce sens sont 'Quand il fait nuit', 'Le dernier train de retour' et 'Le baiser mortel'.

Ces poèmes se répandent dans nos esprits 'sans aucun sens particulier'. Au centre de l'écriture de Vandana, il y a une intensité et les forces majeures englobant ses écrits sont l'appartenance et les liens familiaux.

Et subitement, ce qui nous frappe sont les vers du poème 'Bougainvillier'. C'est un ton d'étonnement, mais aussi accueillant, distant, spirituel s'écoulant librement.

bougainvillier
nulle ne peut explorer mieux que toi …
contre tes murs ils se penchaient
sans retenue ils débordaient d'émotions
dans milliers de sens

A travers ses poèmes, Vandana nous enseigne que les adieux sont que de nouveaux départs et 'Donc on attend'

les utérus de substitution
qu'on trouve tous les jours
pour jouer au cache-cache
avec nous même

Vandana n'est qu'au carrefour ou seuil de son parcours de poésie. Ce n'est que le début.

la vie n'a jamais été à propos des maisons où nous habitions / où celles où nous n'y avions pas/mais plutôt à propos des portes/celles qui s'étaient ouvertes pour nous/
et celles – dont les seuils nous n'avions jamais pu franchir.

Kashiana Singh* / l'auteure de *Woman by the Door

Avant-propos

De l'éditrice

Je l'avais à peine imaginé lorsque j'ai rencontré Vandana Kumar pour la première fois et j'appréciais ses talents poétiques, qu'un jour j'éditerais son tout premier recueil de poésie. Néanmoins, cela est aussi normal car j'ai toujours aimé sa voix *sui generis* (originale), sa franchise de s'adresser à nos émotions les plus brutes et sa compétence de démontrer les intrigues humaines. Il n'y a rien de plus gratifiant que d'éditer le manuscrit d'une personne talentueuse et de la voir évoluer, en lui valant tout le respect.

J'ai connu Kumar quand elle m'a envoyé ses poèmes pour *The Kali Project* (Indie Blu(e)Publishing, 2021). Ses poèmes, 'The unshape of you' et 'Latest issue on the shelf' étaient les évidences positives de son don inné comme poétesse et intellectuelle.
Kumar déterre des sujets cruciaux dans ses écrits et sans aucune retenue. . Elle aborde des sujets brutaux et démontre ses origines. C'était ce dont nous attendions des auteurs pour être inclus dans l'anthologie et ses œuvres se démarquèrent parmi les meilleurs poèmes contemporains Indien en anglais de voix féminine.

Indie Blu(e) Publishing avait sélectionné son poème de nouveau pour une anthologie à propos des maladies physiquement invisibles, *But you Don't Look Sick* (2021).
Pendant ce temps, j'étais devenue une fan de la poésie de Kumar et je lisais plusieurs de ses poèmes qqu'elle avait publiés en ligne. J'appréciais aussi ses poèmes humoristiques qui étaient pour moi une toute première car jadis je ne portais pas d'attention au sens de l'humour dans la poésie mais elle avait une façon de le démontrer inévitablement. Pour sa toute première collection, ce fut un plaisir de l'aider à publier ses poèmes pour que les lecteurs l'apprécient.
Kumar est une vraie polyglotte. Sa maitrise et son amour pour les langues prennent vie quand elle écrit ses poèmes. Elle incarne la passion nécessaire d'être reconnue comme une vraie poétesse innée (douée).

Nous partageons le même amour pour la langue française et je souhaite sincèrement qu'un jour Kumar écrira un recueil de poésie en français. Son aisance linguistique de jongler avec plusieurs langues est très remarquable, mais en parallèle elle peut aussi bien écrire des poèmes en une langue étrangère. Je sais comme c'est difficile car l'anglais n'est pas ma langue maternelle aussi et il faut être vraiment passionnée de langues pour pouvoir maitriser les différences et les expressions de l'autre. Kumar a l'habileté de le faire facilement.

Mannequin de notre époque est une incomparable et agile incarnation de la femme Indienne moderne avec le cœur libéral d'une artiste. La femme Indienne avec sa connaissance exceptionnelle et son dévouement à apprendre se venge en démontrant les manquements du monde occidental en faisant preuve plusieurs fois d'être mieux que les locuteurs natifs de l'anglais, avec ses propres expressions suggestives et écrits imagés. Vous devez l'éprouver pour y croire et j'espère que vous serez enchantés de connaitre la poésie de Vandana Kumar car cela constitue que les premiers écrits de cette dame démiurgique.

Candice Louisa Daquin
Editrice

Quelques mots de l'auteure

En juin 2021, j'étais invitée à un évènement de poésie international où j'ai eu la chance de rencontrer quelques poètes remarquables de la Jordanie, la Grèce et de l'Amérique. Cela me plongeait dans une réflexion de mon parcours de poète qui avait débuté 9 ans auparavant suivant le décès de mon père. Peut-être que l'intensité de cette perte et la constatation des émotions profondes m'ont finalement poussé vers une réflexion créative. Je me demande « Est-ce que la poésie était toujours en moi ? Je ne peux pas être certaine. Peut-être qu'elle attendait l'heure propice pour apparaitre. Je me suis retrouvée en écrivant subitement à propos des choses spontanées : mauvaise connexion d'internet entre les amants, une visite chez le dentiste, changement du temps, des pensées inexprimées. Je pouvais écrire à propos de tout et n'importe quoi qui me retenait. De l'amour jusqu'aux histoires du désir, changements de paysages urbains, l'isolement, augmentation du consumérisme et aussi mon obsession perpétuelle avec les saisons et la mort.

Depuis cela, je n'ai pas arrêté. J'écris des poèmes à propos d'un train qui passe et en observant les immigrants solitaires. J'écris à propos d'une cité qui a changé, évoluée des cafés où nous baladions durant notre jeunesse, les centres commerciales répandues, et les franchises des entreprises, des choses visibles et invisibles, mais pas souvent décrites. La poésie, pour moi est cette langue de description et comme une passionnée de langues, elle m'accorde la créativité dont j'apprécie venant du cœur expressif de la langue. Mon premier recueil de poèmes ne peut pas être résumé à une idée particulière mais à quelques thèmes répétitifs qui se manifestent dans plusieurs poèmes différemment. Parmi ceux-ci il y a des thèmes dominants tels que la solitude, la mort et la répression de la femme dans la société.

J'ai inclus de la poésie qui démontre des étapes importantes de ma vie et je les ai divisés en 3 parties. Il y a aussi des poèmes humoristiques ceux dont je qualifie de poèmes déstressant, en constatant aussi que c'est un style difficile à maitriser car ils finissent par parler souvent du sinistre aussi. Dès fois, les poèmes nous étonnent, en commençant par de l'humour et dévoilant de l'horreur tandis que d'autres commencent comme des poèmes d'amour et finissent en amertume. Mes préférés sont ceux qui gardent l'espoir malgré tout, mais n'ont pas peur de la vérité et des émotions. Peut -être que la poésie a principalement la capacité de discuter ce que la plupart d'entre nous évitent d'admettre. Dans ce sens, elle maintient sa réputation d'être la forme d'expression ayant un aspect supérieur.

Je suis au courant d'être assez chanceuse de rencontrer une muse en poésie ce qui comble mon amour éternel pour les langues et le besoin de s'exprimer. J'essaie de transmettre cela à mes élèves pour qu'ils puissent aimer les langues tout comme moi. La poésie est une forme raffinée de la langue parce que son interprétation est plus profonde que la prose. Vous devez vraiment maitriser la langue pour être poète, mais néanmoins, c'est une expérience durant toute une vie, on n'arrête jamais d'apprendre à écrire. J'ai décidé de donner vie à ce livre en espérant que les autres apprécieront ce parcours de mots avec moi.

2020 fut une année difficile de la pandémie mais c'était l'année où mes œuvres étaient publiées sur les sitewebs de renom et dans les anthologies locales et internationales. L'écriture était ma façon de parler à propos de ce monde chaotique et de changements. Un grand nombre de mes poèmes publiés en 2020 tournaient autour du thème de la pandémie et ce thème se répand lorsque nous réfléchissons à ce moment déprimant et le déclin.

Le bouleversement suivant la mort de mon père enchaîna le besoin de combler le vide inexprimé. Je me suis retrouvée en écrivant des poèmes et en partageant aussi mes expériences de poésie régulièrement avec les amis sincères par Whats App et Messenger. Ce fut mon sauveteur, le remède pour surmonter le décès de mon père et je me suis donné à fond pour m'exprimer de cette façon artistique.

A partir de ce partage entre amis, j'ai été encouragée à soumettre mes œuvres aux sitewebs internationaux et des anthologies provenant des concours. Mon hésitation et ma timidité étaient vaincus lorsqu'une amie envoya mon poème sans ma permission à 'All India Poetry Competition ' en 2017, organisé par' All India Society of India' et j'étais ravie que mon poème ait été inclus.

Ces dernières années m'ont offert un parcours satisfaisant en tout ce qu'il s'agit de publication dans les revues, sitewebs, et anthologies en ligne et imprimés venant de Singapour, les Etats Unis, Canada et de l'Inde. Je me sens embarrassée de revoir mes premiers poèmes quoique quelques-uns ont relevé les défis. La plupart d'entre nous peuvent s'identifier à cette évolution où même les œuvres de nature les plus naïves ont contribué à nous aider à avoir plus de confiance et approfondir notre voix poétique. Ce serait étrange de ne pas s'évoluer car c'est le parcours que chaque artiste doit accepter, la reconnaissance ou le rejet des choses en se progressant vers la lumière après avoir vécu diverses versions de la vérité.
Une prise de conscience remarquable durant ce parcours a été honnêteté envers sa créativité. Il n'y a rien d'extraordinaire en imitant les grands poètes. Vous finirez par devenir un imitateur impuissant. Maintenez votre réalité et votre propre voix. On peut être inspiré par les autres poètes mais l'inspiration ne ressemble pas à l'imitation. On s'évolue en étant au courant de l'influence des autres, mais l'influence ne doit pas se transformer en imitation.

Qu'est-ce qui fait l'immortalité d'une œuvre ? Une œuvre immortelle doit absolument avoir un aspect universel. Les choses peuvent paraitre belles grâce aux jeux de mots mais pour qu'un poème soit immortel il doit toucher notre âme pour toujours. Sans avoir un lien profond et permanent il ne peut être cette belle chose qui apporte le bonheur immortel.
J'ai encore beaucoup à découvrir mais le parcours poétique me semble familier maintenant.

Ce livre est dédié à mon père. Il y a ce sentiment inévitable et nostalgique 'si seulement il serait là'. C'est aussi dédié à ma mère qui me dit en ses mots en Hindi « Quand est-ce que tu écrivais tout cela, moi je ne l'ai jamais aperçu. »
Quoiqu'elle ait dû se confondre l'écriture de ce livre à mes préparations de leçons sur mon ordinateur, cette collection a été intentionnellement demeurée secrète. L'effet de faire une surprise est très différent à celui d'écrire un recueil pour quelqu'un qui n'est pas vivant, ne vis plus avec vous et ne sait pas que vous écrivez votre premier recueil de poèmes.

Donc, quoique ce livre est dédié à baba, la surprise faite restera pour elle.

Vandana Kumar

2022

Remerciements aux revues littéraires / sitewebs pour publier mes poèmes initialement en versions originales en anglais

'Who Shall Inherit the Earth' – Madras Courier – Juillet 2020.

'Call Me Not' – Lothlorien poetry Journal – Mars 2021.

'Not in the Vicinity' – The Drabble – Avril 2022.

'Outsider' – Destiny Poets – Mars 2020.

'Outsider' – Spillwords – Août 2020.

'Summer of More Grief' – The Piker Press – Septembre 2021.

'The Perfect Round!' – Destiny Poets –Novembre 2021.

'Chasms' – Glomag – Novembre 2017

.

'Dedicated to all Bathroom Singers' Glomag – Août 2019.

'Traffic snarl' – Spillwords – Juillet 2019.

'Hunger Games' – Scarlet Leaf Review – Novembre 2017.

'The Flower that wooed, Grey Sparrow Journal – Juillet 2021.

'Nothing Happens' – The Writing Disorder,2022

'So, we wait' – Bard & Prose, Juillet 2021

'Colored Insane' Harbinger Asylum – 2020.

'All in a Day's work' – Stray Branch – 2022.

'Pushing Doors' – Scarlet Leaf Review – Novembre 2018.

Merci à The Significant League pour les messages-guides motivant à écrire des poèmes

Table de matières

Un hiver calme

Genre du Cyclone

Un cercle parfait

Attendez jusqu'à l'été

Dame vêtue de rouge

La langue maternelle de qui ?

Les gouffres

Laissez-nous

Jeans troués et du Country Music

Et il ne manque rien

Les fissures à l'intérieur

Dédiés à tous les chanteurs de douche

Genre du cyclone

Les tournesols

Des réflexions aléatoires d'un vagin

Un lieu sur mon corps

L'embouteillage

Les jeux de faim

Quand vient la nuit

Mardi soir au cinéma

Les mers ne peuvent pas soutenir les océans

Pas de goutte de pluie, que de pizza flyers dans la boite à lettres

De la terre et du sol

Du soleil dans mes yeux

La fleur qui courtisait

Les murs abandonnées

Pas de saison pour aimer

Le dernier train de retour

Quand nous le trouvons

L'amour sur la route déserte

Au clair de lune

Les dernières pluies

Le baiser mortel

Se rencontrer de nouveau

Bougainvillier

Dans aucun sens particulier

Donc on attend

Coloré insensé

S'agissant de tout durant une journée de travail

Les prunes de l'été

Qui sera l'héritier de Terre ?

Nous avons fait des listes
d'objets hérités
Quelqu'un a reçu
les recettes fabuleuses de Grand-mère
Les désintéressés de nourritures s'ennuyaient
Pourquoi Grand-père n'avait jamais eu des recettes à léguer ?
On disait pourtant que c'était lui qui rassurait
qu'il y aurait assez de pains chauds
Remerciant à table

Je me réjouissais d'avoir hérité
le sens de l'humour d'un oncle
disant tout ce qui était inapproprié
s'agissant de l'âge et du sexe
tout chronométré parfaitement

Je m'en souviens d'une nièce recevant
un vieux livre de mots croisés
vêtu d'une couverture crochetée

Un patrimoine familial éclectique
d'objets et de pensées
de livres interdits
des disques usés
remplis de rayures sur les rainures

En se regardant au-dessus de nos épaules
vous pouvez ainsi seulement
se retourner vers
l' héritage
de sons
d'humeur
de boites identiques

Vous vous demandez comment les ranger ?
Où est ce que les contes de fées
originaires
des jungles se réfugieront ?

Qui héritera une Terre ?
Actuellement où quelqu'un a allumé le feu
Maintenant car ses forêts sont en flammes ?

Ne m'appelez pas

Ne m'appelez pas 'votre monde'
grand et mesquin
c'est ainsi

ne m'associez pas à 'votre pays'
ne m'étouffez pas par le patriotisme
Étalant vos possessions

appelez-moi plutôt 'votre village perdu, somnolent'
où la moindre terre n'est pas hostile
pas de bavardage
avec le voisin indifférent

ne m'appelez pas 'votre monde'
pas ce monde, au moins
celui que je connais
détruit les arbres et les langues
de plein gré.

Pas dans ce voisinage

Il a plu quelque part
pas ici, non plu ailleurs
ou dans un lieu à proximité
même pas dans les cités dont vous aimez
non ! Même pas où l'un de vos proches vit

il a plu quelque part
vous vous demandez où ?
Dès que vous vous accrochez au globe
taille d'une paume
pointant les lieux qui semblent arides
couverts de terres à perte de vue
tout comme vous vous attendiez d'une cité
ou d'une province
ou d'un pays

Que c'est étrange, le monde ?
Plus de déserts
puis , des étendues d'eau
avec ou sans parapluies
pour vivre un roman d'amour avec la pluie

poètes
dont les odes de moussons ont failli
de nouveau !

Le rétroviseur

Des gouttes sur le pare-brise
la pluie tout doucement
y reste
pendant des heures maintenant

J'aime la brume
qui m'empêche
de voir les ghettos
le nombre de personnes répétitifs
après le désastre

il y a dix ans
on pouvait utiliser de vieux clichés
en citant nos cités
comme un mélange de cultures

Je résiste l'essuie-glace
autant que possible
des grosses gouttes
souillent la voiture
la radio est allumée
les jours flous
quand les diversions
nous éloignaient
des cités mortes
et
la clarté des ruelles .

Réflexions sur la Pandémie

L'étranger

L'avez-vous déjà ressenti ?
Ce sentiment étrange d'être distant de soi ?
De chaque partie
de votre anatomie ?

Vous !
le chirurgien
de votre propre chirurgie
l'anesthésie rachidienne
et vous parlez
froidement
à propos du foie et intestins
objectif à propos du liquide dans les poumons

n'éprouvant aucune douleur
par ce dont le monde vous a injecté
ni remords
pour ce que vous avez fait au monde, non plus
pillage
écrasant les fleurs
ou gens, ou tous deux
disant je t'aime au hasard

optimiste envers ceux
dont nous le disons
ils sont aussi des observateurs
vivant de l'extérieur
de leur cœurs et poumons.

Mannequin de notre époque

De loin je regardais les mannequins
ceux que tu désinfectais
après avoir soulevé le volet

pas d'acheteurs pour cette robe
ou d'autres
la robe déprimée
classique, dos plongeant
il y avait une foule d'admiratrices auparavant
les mains caressant la douceur soyeuse
dos-nu
une nuque jadis embrassée
une amie enviant
ce collier de perles

une cérémonie funéraire dégageait du placard
lui laissant le temps
la vallée est profonde
le gouffre, plus profond.

L’étrangère

La société n’était-elle pas
déjà distancée ?
Des appels au secours
du voisin à 3 AM
N’avions-nous pas éliminé ?
Toute la responsabilité
des moissons, de la décomposition
nous avions maintenu l’autorité à 6 pieds
des reportages
des délits quotidiens
de la haine
du couche sociale et de la couleur peau
qui semblaient différents
des pays d’adversaires
infestés par le similarités habituelles
et pourtant…
un virus se présenta
le rendant officiel
obsédé par soi-même
une personne
survivant de l’amour -propre
de la distanciation sociale
simplement un mot clé
nous étions déjà
des âmes imparfaites
dans les appartements isolés
des corps loués
une société
observant l’univers
sous le regard de l’étrangère.

Rien ne se passe

Rien ne se passe vraiment dans cette cité
où tout a été déjà apparu
il fait nuit
personne n'est éveillé
posant des questions
ou en se fixant la lune

la génération qui se défendait
voulait la liberté
n'avait jamais assez lutté
mais subitement de déménagea

les petits enfants du voisinage
sont un peu trop jeunes
leurs voix sont trop fondamentales
celles dont
manifestées par les enfants
demandant
sanglotant pour le repas
ou pour dormir

le bruit de la désobéissance
et de l'angoisse
a laissé le lieu
les nuits sont humides
d'ennui
et pourtant il ne pleut pas

pas de parfum du premier amour
pas d'adolescents maladroits s'invitant
à sortir ensemble
parlant à propos des films d'abord
puis des pièces de théâtre
puis les genres de livres
demandant les titres des préférés
tout en rêvant
comment et quand
à se toucher

la cité toute silencieuse
de l'ordre établi
nous connaissons nos visiteurs quotidiens
et nos invités du weekend
même si
on leur demande de s'identifier
à chaque fois
à la grille d'entrée

ce n'est plus un lieu
où la révolte demeure
comme un jardin
où un oiseau tout nouveau, étrange
se perche au rebord de la fenêtre
de temps en temps
observant
pendant que vous devinez son nom

ce n'est pas un lieu
où il y a de la magie
où les lucioles dansent
où le mois de juillet
pourrait naitre à tout moment
où il n'y a pas de progression naturelle
en mois d'août

et dans le calme nocturne
l'amour n'est plus une force ici
pour submerger
la cité a son cœur
et ses banlieues
et moi je n'arrive pas à distinguer l'un de l'autre.

L'été de la mort

C'est l'été de l'inquiétude
la mort suspendue au balcon
comme des fruits saisonniers abordables
Je n'ai jamais appris leur noms
pas de mangue cette année
les vendeurs de fruits semblent murmurer

Les balançoires rouillés
manquent aux enfants
J'essaie de les amadouer à balancer
immobile
même pas avec les soirées de tempêtes de poussière

cet été est différent
la nuit tombe
la poussière et la tempête
ne s'arrêtent guèretan

les bruits nocturnes se fondent
les pleurs de bébés
essayant de comprendre un nouveau monde
les cris de sirènes
avertissant les adultes
tout ce qu'ils craignent
ils n'ont pas compris.

Gueule de bois d'antan

Est-ce que le monde d'un nouvel an changera ?
Aussitôt qu'on se débarrasse d'un vieux calendrier
pour le tout nouveau indispensable ?
Posez le comme on le veut
derrière les étagères
quelque part près du réfrigérateur clouté au pôle magnétique

Est- ce que le fluorescent du nouvel an
inondera complètement mon ton sépia ?
Ses touches que j'ai ajouté au blanc et noir
renforçant comme elles le faisaient jadis
chaque souvenir gravé dans mes archives

Je me balade dans les rues
encombrées de lettres
renvoyer aux expéditeurs
les fleurs aux fragrance
de conversations inachevées péniblement au beau milieu
les lianes se penchent encore
lourdes – et jadis légères
avec ta gueule de bois
la route sinueuse
de cette dernière saison
me conduit sans doute
vers un nouvel an –
L'automne s'est transitionné parfaitement en hivers
que c'est bien que le froid
ne pontifie jamais
même quand il se répand –

L'été le plus douloureux

La famille a perdu des amis et des ennemis de la même façon
la même cause du décès
rien ne peut les distinguer
de l'autre coté
cet été était très loin du compte
les feuilles fragiles luttaient à résister
aux souffles de la décomposition

au diner
Je ne savais pas comment manger la moelle osseuse
mon grand-père était déçu
« regardez ce gâchis
tant de collagène perdu
de retour à mon époque
nous faisions une soupe »

quand vous n'êtes pas si vieux à mémoriser les souvenirs
rien ne vous oblige de regarder en arrière
pas un collectionneur de réminiscences
J'ai laissé mon grand-père faire la tâche
ayant la chance de regarder par la fenêtre
durant la pandémie de l'été 2021
il s'évadait à 1938
de temps en temps.

L'année ne me quitte pas

Cela n'a rien à voir avec ma volonté d'essayer
Mais c'est tout simplement que je n'arrive pas
à dire adieu
à l'année mourante
tout à coup

Les bavardages du réveillon
pluies de confettis au cœur du Times Square
les fêtards écrivent
tous leur vœux

adieu en prenant du vin
et en chantant ce n'est qu'un aurevoir
sont trop flagrant
Je suis embarrassée
en me disant
en pensant à changer miraculeusement
avec les résolutions du nouvel an

un décembre m'envahit
celui qui ne m'obéit pas
J'ai gardé toujours les vêtements d'hivers dans le grenier
la mélancolie était trop forte
pour les récupérer

Je porte un grand manteau
drôlement pas élégant
comme un faux pas de la mode

un manteau trop grand
au-dessus de toutes les robes d'été portant la peine
au-dessus des récoltes qui ont failli
au-dessus de la pluie annuelle
qui n'a pas rempli les réservoirs.

2020 – l'année qui n'était pas

La lune apparait dans le ciel
le soleil se couche
milliers de pouces
dans milliers de cités
naviguent le haut et bas
de leur portables

captifs de nos pensées
nous l'étions déjà
vous ne voulez pas évaluer
la cruauté de cette année

les blessures trop récentes
l'oignon
un peu trop piquant
il y aura des larmes
dans nos cuisines

le temps s'écoule dans une rivière
vous ne pouvez pas choisir une date
la surnommer fin d'une année pénible
tant de bébés conçus
dans une année dont vous voulez effacer

l'histoire du chagrin
est trop vieille
d'avoir commencé cette année
et trop jeune
pour en finir avec ça.

Un hiver calme

Ce n'est pas ce genre de froideur qui s'avance
stationnaire tout au long
Je cherche une coupe-pizza
et une boule de glace
J'imagine faisant des triangles
dans le brouillard
et les consommer
pour éclaircir les surfaces de l'atmosphère

J'imagine la boule de glace soulevant la brume
la laissant tomber avec un splash
dans la coupe à dessert

C'est un pays ***dégénéré***
de débats obsolètes
sur un nouvel écran de télé

L'hiver d'une éternité
semble d'être infiltré dans les os
si lentement
il n'y a pas de brises à la surface
Je suis inquiète
un hiver sans refroidissement éolien
n'est plus un hiver.

Genre du cyclone

Un cercle parfait

Chaque femme Indienne
a une histoire
de Roti
débutante, maintenant devenue professionnelle
ou peut être
maladroite pour toujours

une société qui a décidé
ses vertus
par sa forme et sa taille

nous nous souvenons toutes
que les cercles parfaits
ressemblaient jadis
à la carte d'Atlanta

les miens le sont toujours
Je n'ai aucun regret
le monde, j'espérais avait évolué
en conversations de sagouffreslons
au-delà d'une promesse de jeune fille
d'un Roti tout rond.

(Roti est un pain plat tout rond , originaire de l'Inde, fait de farine de blé complet moulu, typiquement connu comme atta, et faisant une pâte en ajoutant de l'eau. Roti est similaire à n'importe quel genre de pain disponible dans le monde. C'est un aliment de base consommé avec d'autres nourritures.)

Attendez jusqu'à l'été !

Quand vous détestez l'hiver
Ah ! Ces dents qui grincent
et beaucoup de neige
pour plusieurs jours sans cesse

La saison si rude
n'est pas appropriée pour la libido
les couches de vêtements que vous êtes obligé de porter
la moindre idée de se déshabiller peut attendre

si les parties de vous, tout au bas – tout au-dessous
refuse de coopérer, ne vous vous étonnez pas
de cette déception
De laisser l'érotique
pour l'été !

Dame vêtue de rouge

Vous en tenue vermillon
avec une fente plongeante de la taille
et courant tout au long du Nil

comme je souhaite que vous souriiez
que pour moi
et non pas
pour les autres pirates du Pacifique

vous !
Avec des bagues aux doigts
à la main droite
à la main gauche
êtes -vous prisonnière ?
D'un des hommes
dont vous êtes reine du harem ?
Exercez-vous votre politique au lit ?
Pour tout un clan ?

Vous dans votre robe débordant de rouge
Je me demande combien de médecins
viennent à votre secours
appuyant sur les nerfs
couvrant chaque pore
aspirant les taches de sang

c'est un jour desséché
de telle soif
le Single Malt
qualité incontestable

venez à moi
Ah Dame en rouge ou robe-cerise
devenez tous les objets du désir
dont je veux de vous.

La langue maternelle de qui ?

Ce que je parle
ne semble pas émaner
d'un ventre maternel
répétant doucement
les berceuses mélodieuses
de ma patrie

une langue maternelle
ne peut s'entendre
dans le brouhaha
où les peuples se plongent
dans la toxicité masculine

on me dit que ma langue
appartient à ma mère
même si les noms de familles ici
appartiennent aux pères
les ivrognes frappent leur femmes
utilisant les dialectes que les enfants n'oublieront jamais

Je me laisse emporter
me sentant déracinée
J'essaie de trouver ma voix
dans une école de langues étrangères

il y a une étrangeté à ma langue
c'est noire
c'est bleue
elle est faite de beaucoup de blessures
J'enfonce une éraflure métallique tout au fond.

Les gouffres

(Ecrit durant une longue
attente avant d'être emmenée
pour l'anesthésie générale
avant une intervention chirurgicale urgente)

Que c'est froid les gants chirurgicaux
votre monde allant de travers
vous vous y allongez
la purification ayant été faite
pour concorder aux outils d'opération

ils parlent une langue que vous ne comprenez pas
vous perdez conscience
soufflant des ruminations
et les scènes dansant
en désordre

vous naviguez parmi les billets doux étendues pliés sous
les journaux dans les tiroirs
une photo conservée entre Pages 4 et 5
un texte que vous n'avez jamais voulu effacer
des fichiers de Word rempli de poèmes inachevés
votre DVD de *Roman Holiday*
rembobinée en quelques portions

la salle parfaitement aseptisée
une surdose
d'hygiène
comme vous vous allongez en spasmes
se demandant combien d'infections
seront enlevés de votre intestin

Vous évaluez votre vie
par les listes de choses à faire avant de mourir et les regrets
par les amours manqués
par ceux dont vous avez doucement embrassé
les ciseaux de main en main
et les lignes se forment
gouffres tous fertiles et stériles
la vie et la mort.

Laissez -nous

Laissez-nous
deux corps terrestres
s'unir
après d'avoir englouti
le nectar
et bu tout le vin

laissez-nous
critiquer l'Etat
pour ne pas avoir construit assez de chemins de fer
passerelles et navires
et de trains fous
pour se rencontrer

au même temps ...

laissez-nous trouver des moyens
pour se rencontrer tous les jours
au supermarchés
remplissant des caddies de fromages assortis

et quand on n'y arrive pas...

laissez-nous s'écrire
à l'ancienne
comme cela justifiera le salaire
du vieux facteur
sur le point d'être licencié

laissez-nous faire une fugue
de manière
à déshonorer
un poème de Neruda

se fondant
chaque nuit
près de mines de charbon

et publiquement
cachant les battements de cœurs
sous les lunettes noires.

Jeans troués et du Country Music

Je t'imagine là-bas toute seule
sans moi
dans la campagne bleue
toi s'étirant ton bâillement
comme un signal d'alarme
pour les animaux sur notre grange

Le soleil doit être couleur de miel
que tu étales sur le pain
ne lis pas le journal matinal
cela te terrifiera

la cité n'est pas si mal
mais voilà que je
t'envoie un post-scriptum
J'ai laissé mes jeans toués
dans le tiroir d'en haut à gauche
La vie bercée entre l'aurore et le crépuscule
sans toi à mes côtés
le temps s'écoule lentement
le métro est si rapide
je ne sais pas quelle touche presser
où aller
la chemise habillée dont j'ai emballé
était appropriée
les patrons étaient impressionnés

Je pense à cette nuit
où les nuages cachaient ta pudeur
des étoiles
et nous avions fait l'amour
tu comptais les larmes sur mon jeans troués
avant que je l'ai mis sur l'herbe humide
et t'ai allongé

J'ai lu qu'il allait pleuvoir
Je pense à toi
menant les animaux
verrouillant les portes
sentant une ferme d'animaux
brins de paille dans tes cheveux
comme je veux les enlever
tour à tour
ils me disent que la cité
t'envahit
comme un cancer

le remède se refuge trop loin
dans mon jeans troués
et ton sourire endogène
comme j'écris
je peux l'imaginer
grandissant
dans la cour infinie, toute verte.

Et il ne manque rien

Il y aura un filet chirurgical
suivant la hernie dont vous avez été enlevée
cela ne se reproduira pas
rassurez-vous

vésicule biliaires
un rein
un ovaire ou deux
sans cela
tôt ou tard
nous apprenons partiellement à survivre

mais avec toutes les risques tendues
d'avoir votre cœur
tout droit
dans vos mains tremblantes

et marchant sur le trottoir
de feuilles éparpillées
quelques-unes récemment tombées
quelques-unes sèches
des routes avec des egos interceptés
tout ce qui compte
pour le cœur marchant à l'extérieur de vous
est de donner
même si cela est risqué

comme quittant votre maison
avec la porte d'entrée ouverte
ou s'en allant à la guerre sans armes
pour les batailles destinées à être perdues

pas de garantie permis
le reste n'est que complaisance
ou de la chance
quand on passe à l'épreuve
vos vêtements préféré
se déchirent aussi aux coutures

marchant dans la nuit
sans étoiles
pas de maisons éclairées par des bougies
pour aider à se diriger
où les chiens pourraient aboyer et vous attaquer
conditions et conséquences
que pour le modeste

asseyez-vous et regardez votre cœur se briser
ne pouvant distinguer
nuit et jour
ou la danse d'une saison
à l'autre

Comprenez que c'est à ce moment- là que
vous avez aimé
et aimé
et aimé.

Les fissures à l'intérieure

Pourquoi est-ce que tu me fuis ?
Laisse-moi te voir durant le jour
le reflet du gris
jetant un coup d'œil à travers ta Bourgogne
la ligne de nuage argenté
au milieu du rayon de soleil

Pourquoi est-ce que tu sembles sage ?
Reviens à ce sourire libertin
pourquoi cette lune si apprivoisée ?
tu te soulèves quelques nuits
délirant sous les draps
que nous deux
et un quart de lune

Pourquoi est-ce que tes papiers
Ne sont pas en désordre ?
pourquoi est-ce que le jardin est taillé ?
ce pot n'était jamais fait pour être réparé
et une partie de ton cœur
comme la frontière d'un pays
demeura ouverte à l'invasion.

Dédié à tous les chanteurs de douches

C'était un jour épuisant
Je laisse mes clés sur le buffet
et je vais tout droit pour prendre une douche

'chanteurs de douche'
ont leur propre audiences
sauf les membres de la famille
qui n'ont pas trop à dire

Je suis sure que les voisins
(murs fragiles de ces appartements)
désormais ont de fortes opinions
partagés ou différends
de mes talents de chant

quand l'eau jaillit
pleinement
par le jet
qui a besoin de musique de fond de toute façon ?

Je peux me réjouir du Soprano
ou laissant l'opéra de côté
simplement fredonner une chanson populaire
celle dont les paroles s'échappent ?
mais, oh zut !
(ce moment où vous vous rendez compte
que vous chantez si mélodieusement)

et quand il me manque
Je reviens au playback
partageant la chanson
en deux soigneusement
chantant ma part
perfectionnant les pauses
et puis se mettant à chanter au playback masculin
de sa part.

Genre du cyclone

Les dames craignaient la tempête
tout ce qui était étendu à l'extérieur
leurs vêtements sur la corde à linge
leur époux au travail

des boutons dysfonctionnels
qu'elles tripotaient
dès que leur Trouble Obsessionnel Compulsif se renouvelait

les Dieux des cyclones
avaient des noms Grecques
forçant la mémoire
par un indice lointain de mots croisés
c'était ainsi

la plupart des hommes s'asseyaient sur des chaises
rhum à la main
mesurant de l'eau chaude
la rumination

La sensation du ravage dans l'atmosphère
Ils regardaient du balcon
hommes et femmes
séparément le cyclone.

Les tournesols

Nous étions allés au champ
pour faire l'amour, en plein air
et toujours assez timide
nous l'étions

Nous avions trouvé quelques tournesols
des touffes assez grandes
pour se cacher derrière
pour cacher nos frémissements

est-ce qu'ils n'appartiennent pas à Van Gogh ?
Nous nous éclations de rire
par des baisers volés
et tout ce qu'on pouvait exprimer l'un pour l'autre

dans un mois d'été
qui s'étendait habituellement
avec de la léthargie
il y avait une pluie légère

tout ce qu'il fallait c'était un arc-en-ciel
et un peu d'imagination
nous nous peignions
nos lèvres
avec le pinceau de l'artiste.

Des réflexions aléatoires d'un vagin

J'avais entendu quelques femmes
parlant des jeux de pouvoir
cela commença par un débat
au sujet de monologues du vagin
au lieu de travail

des images s'amplifiant
palpitant
se contractant et s'élargissant
l'erreur fondamentale
le classant comme une partie
de l'anatomie féminine

Je me souviens d'un amant à l'université
puis d'un autre
comment nous gardions ce secret concordé
combien était arrivé au portail
mais ne pouvaient pas y arriver
il y avait toujours cette frayeur d'être jugé
même le plus franc
évitait cela
un copain me disait jadis
J'avais une place comme toutes les femmes l'avaient
« un haut-lieu » (un paradis)
« témoin de beaucoup de hauts et de bas
je garais mes angoisses, peines et inquiétudes là -bas »
« Que deviennent la faim et la passion ? »
demandais-je
« celles-ci bien sûre sont des acquis » répondait-il

combien de fois le 'V'
semblait insouciant
placé à table d'examen stérilisée
se souvenant comment les gens parlaient
de leur odeurs
du poisson au lait caillé
Je pense à combien d'années
de mer rouge y survolaient
pour plusieurs d'entre nous
en vain

Je me demande ce qu'il sent
chez le gynécologue actuellement ?

comme il continue sa vie
à l'extérieur de mon corps
je crains du jour
où le vagin mourra
et je
continuerai à vivre

J'imagine le sens de licenciement
comme un homme sans intérêts
assumant la retraite prématurée
après une routine de 9 à 5

la nuit dernière
après minuit
j'avais demandé à mon époux
« m'aimerais-tu
si je n'avais pas de vagin ? »
sur un surdosage de cinéma sans doute
comme d'habitude
à moitié endormi, il répondit
« une femme sans vagin
quel titre intéressant pour un film ! »

la façon que les hommes répondent
particulièrement quand ils ne veulent pas.

Un lieu sur mon corps

Je suis un bizarre du tiers monde
un « inconnu »
un corps voulant former des anticorps
les gens allant et sortant de la dérive
souriant
trop de charité
pas assez d'empathie
les morgues sont remplies

mon corps n'a pas de place
pour moi-même de l'appartenir
un nom trop commun
n'hurlez pas
vous ne me verrez pas se retourner
même pas dans une rue déserte

Je connais la valeur momentanée
quand les gens bousculent pour l'espace
dans un métro encombré
les yeux braqués sur moi
pour quitter le siège
le corps se balance
entre les seins pré ménopausique
tombant actuellement
comme les fleurs d'été abordables
et les cuisses que les amants , jadis qualifier de
chair fraiche

les chirurgiens
marquent des interventions
et suturent les parties
je m'allonge dans la salle d'opération
mon corps est maintenant dans la sphère médicale

il n’y a pas beaucoup de lieux sans marques
sur mon corps à moi
un corps ayant le désir
d’être important
pour quelqu’un
d’appartenir à quelqu’un

le cœur était déjà éparpillé
entre deux cités
divisés entre deux amants
quoique jamais en moitiés parfaites

il se retrouve maintenant
dans un quartier en guerre
les ravages du temps
cherchant le rétablissement.

L'embouteillage

Il y a des choses
qu'on n'est pas supposé de faire librement
dans une cité
s'écoulant au rythme d'urgence

un regard discret
au rétroviseur
une croisée achalande
assez de temps pour une retouche de rouge
pour envoyer un texte à un amant

la cité cache ses secrets parfaitement
et des couples s'enregistrent dans les hôtels
régulièrement à la même heure
avec de jolis noms

ce gros client réticent
ce vendeur exagéré
attendant absolument à faire la dernière vente
avant que les volets se ferment
et les dames rentrant chez elles
une heure, sur les réseaux sociaux
écrivant favorablement étaient aperçues
en haussant les sourcils, s'abandonnant
en traversant des quartiers louches
demandant aux chauffeurs de fermer les fenêtres
regardant de l'autre côté

et elles rentrent à la maison épuisées
terminant leur courses
croyant fermement
que les époux ne prennent jamais
ces genres de détours.

Les jeux de faim

S'asseyant 'distinguée' et sage
à l'autre côté en face de toi
nous les endoctrinées du convent
expertes en conventions sociales

Tu hoches la tête au moment propice
« non merci , j'en ai assez »
dès qu'on mentionne un autre petit four
mais nos cœurs battant
ensembles
voulant s'engloutir
au lieu des canapés sur commande

la poitrine imposante remarqua ton regard discret
voulant danser librement pour toi
mais les vêtements étroits
l'empêchaient

les jambes embarrassées se croisaient de nouveau
les parties de toi les étaler
sur la pelouse toute verte
broyant dans le ciel bleu étendue

s'installant sur ce sofa de l'autre côté de moi
te ne m'avais jamais demandé si j'avais très faim
et moi vêtue de la bourgeoisie
ne te l'avais jamais dit.

Quand vient la nuit

Si tu m'aimes
ferme tes yeux
Laisse-moi te bander les yeux
t'emmener à une visite guidée

laisse mes mains explorer
chaque recoin de ton corps
ceux dont tu connais
ceux dont tu ne connais pas

si tu m'aimes
jouons au jeu de dés
dans la nuit
ils sont tous les mêmes
ne dévoile pas tes cartes
ou chiffre chanceux
appelons cela le destin

si tu m'aimes
ne me demandes pas
quand il fera jour
ne cherche pas désespérément
le signe de la première lueur

si tu m'aimes
pense à la chanson divine
de l'aveugle
et
ferme tes yeux.

Mardi soir au cinéma

Un mardi soir
je vais au cinéma tout seul
balançant mes pieds insolemment
laissant les toucher le siège en face de moi soigneusement
dans une salle presque vide

la dame qui séduit dans le film
ne ressemble pas
aux femmes
que je sors avec
personne ne porte une robe rouge flamboyante pour moi

mes rendez-vous du samedi soirs sont avec des filles normales
avec des têtes et oreilles quotidiens
elles portent d'eau de Cologne et du parfum
le même parfum
ou
elles n'ont aucun parfum

personne ne sourit et se fléchit
me prenant dans ses bras avec son décolleté profond
comme un pélican dilatant son bec
pour ramasser du poisson

Je pourrais me perdre dans ses bras
immédiatement, je me plonge dans ma chaise
l'huissier ne peut à peine m'apercevoir
le pot extra large du popcorn salé à mes côté
perd sa croustillance

de retour à la maison, je fouille dans le frigo
la simplicité des boites carrés
avec des restes

J'éteins les lumières
la femme fatale n'y est pas.

Les mers ne peuvent pas soutenir les océans

Pas de goutte de pluie, que de pizza flyers dans la boite à lettres

Le nonagénaire bizarre dans les environs
vous offre des histoires
(plongeant n'importe quoi sur le plan énergétique
que cet été tolérait)

Tout n'est pas que du béton ou d'asphalte
il n'y avait jadis
pas d'harceleurs
pour éviter de sortir
pas de résidence sécurisée
pour vous protéger du vents

le sage Dhobi
à notre service depuis trois générations
vous dira dans un clin d'œil
des vices
que la cité a acquis

la Capitale
il n'oublie jamais de vous le rappeler
comme coup de départ
'c'est la capitale du péché'
Après tout

les cieux
sans doute
ne vont pas céder
Arrêtez de lever les yeux

creusez au fond de vos poches vides
comptez les indices d'humidité
et les conduits des climatiseurs
visible du jardin public .

(Dhobi : Dhobi est une caste en Inde. Leur profession était principalement de laver les vêtements, c'est-à-dire, faire la lessive. Le mot dhobi est dérivé de l'Hindi , dhona, signifiant à laver.)

De la terre et du sol

Les pluies elles avaient fertilisé quelques sols
quelque part
ici et là
et quelques terres arides s'étaient réveillées
clamant encore

dites-moi cher cultivateur
Quelle est la distance de votre charrue au foyer
Reposez-vous tout au fond de ma vallée
parce que je suis venue
pour être votre calmant (sauveur)

laissez-moi apaiser
cette colère de l'intérieure
en transformant les vents hurlants
en doux murmure d'un seul feuille
et des gouttes de rosée sur mon épaule.

Du soleil dans mes yeux

Cherchez les réponses
dans les cieux
qui interrogent
ou peut être dans les espaces
entre les lettres écrites
ou non-écrites
et celles attendant à Envoyer
et pleurez si vous ne trouvez pas de différences
entre elles

regardez les briques s'accumuler
les arbres que vous avez planté durant votre jeunesse
et le travail
visible en cours

comptez les tasses de café
que vous consommez maintenant
où est ce tendre amant ?
De la jeunesse

combien de directions suivez-vous
et les plans d'accès que vous consultez
la cité vous assurera
que vous vous ne souvenez pas d'un lieu
'par l'odorat ou par de boite à lettres pittoresque'

cherchez dans toutes les galeries d'art
de l'antiquité
et des coups de pinceaux dont aujourd'hui ont besoin
de certificats de censure

Cherchez votre liste dans votre poche de chemise
et les choses à faire
et les notes adhésives
qui faisaient des mémentos colorés
jusqu'aux livres que vous ne visitez plus
et la monotonie quotidienne
comme le temps s'écoule
du centre commerciale au pont routier
et le temps bien géré
naviguant les réseaux sociaux
comme un coup rapide
dans une embouteillage
ne levant jamais les yeux, jusqu'à présent
malgré tout le soleil
se projetant   sur votre visage
vous le savez, n'est-ce pas ?
C'est un jour gris.

La fleur qui courtisait

J'ai un souvenir
qui sent du jardin
où pour la première fois j'avais cueilli une fleur
pour être romantique
pour l'épingler dans mes cheveux

C'était une fleur d'été
de grande taille
faite pour être placée en balayant
les cheveux à gauche
et pour y réfugier

la façon dont elles faisaient dans les films
comme la bien aimée s'asseyait à l'arrière
quand son beau faisait la bicyclette
la visibilité du paysage était limitée
il était heureux avec sa bicyclette
et elle avec lui

Elle sentait du shampoing
Je ne pourrais pas l'identifier
mais très féminine
c'est tout ce que je pensais

Je voulais m'attarder
embrasser ces cheveux
pour que lorsqu'elle part
elle emporte
l'odeur du shampoing
des fleurs
et mon souffle sur elles

elle s'en moquait plutôt
me réprimanda
pour cueillir la création de Dieu
sans pitié.

Les nuits abandonnées

Un monde st en béatitude
au coucher du soleil
et se lève
tes nuits tant bien que mal s'écoulent
discrètement
demandant plus de respect
l'enfant abandonné
d'une progéniture de six

ils dorment
s'étalant diagonalement
perdus dans le lit
il n'y a plus de musique
provenant de maison du voisin
à 2 .30 AM
(les seuls ayant un bon goût)

8 heures de jurons
des fils mutilés
et des amoureux qui parlent pendant des heures
bravant les réseaux téléphoniques érotiques
les minutes ponctuées avec des histoires du désir
qui se sont terminées
sans succès
dans les poubelles débordant de
contraceptifs gaspillés

la nuit ,comme un homme sage l'a dit
''belle âme
en hibernation''
elle aussi fut corrompue
dès qu'elle poursuivit le jour

les nuits pleurent maintenant
sur le paillasson
au mauvais côté de la porte
et les couettes qui se plient se nouveau

dans les armoires-pont
dès qu'il fait l'aube.

Pas de saison pour aimer

Et tout à coup
la vie vous lance
dans la chaleur et la salissure

d'un sommeil profond
une nuit précédente efflorescent
vous vous réveillez
par les lézards au plafond
et les paillassons
talons égarés
espérant d'entrer
néanmoins

les bizarres
de six pieds au -dessous
et les fourmis que vous croyez mortes
sur les plaques de la cuisine
et se faufilent
dans les espaces hermétiques
que vous considérez sacré
l'intrusion et
l'acceptant à contre cœur
se bousculant pour de l'espace
délimitée

simplement un aspect saisonnier
comme dit-on
vous essayez en vain
d'essuyer
la poussière d'été.

Le dernier train de retour

Parfois
vous êtes qu'un passager
d'un train à grande vitesse
vous y montez
comme vous monteriez
à votre cheval
et à travers
les continents déserts
il vous emmène
à l'heure
vous rencontrez votre amant
que c'est ennuyeux

parfois vous êtes dans un pays en expansion
et vous bousculez pour de l'espace
dans un train bondé
dans les compartiments avec des secrets
et d'odeurs
et de ralentissement
et vous êtes ravi
de rencontrer votre amour
d'attendre
ou
de continuer à attendre

la vie
comme un passager de train
et hors-horaire
d'une gare
quand il fait nuit
les salles d'attentes se sombrent
les lumières sont éteintesies

et pour ce bref instant
même le carrefour le plus achalandé
a ce moment libre
pas de train
simplement une route déserte.

Quand nous le trouvons

Pour bien débuter
nous chantons d'abord quelques chansons
cette première précipitation enivrante
jusqu'à ce que le mondain nous fasse pleurer
à cause des chaines envahissant, tout au fond de la classe moyenne

nous nous mettons à nous demander
durera-t-il ?
Pendant combien de temps ?
Comment est-ce que l'autre ressent ?

Ni moins ni plus que la mienne nous le souhaitons
et les gouffres se déchaînent
nous demandons à cet assassin
« y-a-t 'il quelqu'un d'autre ? »

Banalisé et humilié
à l'ombre de son propre resplendissement
nous le demandons le banal
ce qui s'épanouissait librement

ce qui n'était jamais destiné pour la servitude
ainsi étaient ces actions
aimez ce que vous avez
avec tout ce que vous avez
il y a après tout
pas de garantie dans ce domaine

mais quand nous le trouvons
nous faisons tout
pour le détruire.

L'amour sur la route déserte

Il peut prendre du temps
mais rassurez-vous que la maison est étanche à l'air
ces souvenirs pénibles
qui sait ?
Cette façon rusée de se glisser par les portes fermées

le robinet peut fuir
ce dont vous cachez désespérément
réparez ces petites choses
reprisez ces chaussettes
avant qu'elles ne portent les histoires de vos souffrances

regardez par cette fenêtre
et ce chien errant là-bas
qui vous enseigneront
d'aller lécher vos blessures ce soir
sinon elles suppureront et régaleront
et l'odeur de la détresse
se répandra par votre échappement
et refroidira cette rue joyeuse toute déserte

laissez les croutes tomber
l'un après l'autre
ainsi lorsque vous ouvrez cette porte
dans un monde déjà grimaçant avec de la peine
nous pouvons y arriver sans
plus de porteurs de chagrin.

Au clair de lune

Viens ici et regarde
dès que tu enroules tes bras autour de moi
le disque argenté se suspend dévasté ce soir
sans ses étoiles
l'allumons -le
quoique de loin

allons traverser ces rues
car nos cœurs se battent
pour être entendus
dans une nuit froide d'Hiver
allons faire le cynique croire
que tout va bien dans le monde
que le l'amour peut faire fondre
ces couches de glace obstinées

quand nous nous baladons au centre-ville
où le fameux voisinage froncerait les sourcils
transformons le quartier païen
en croyant de ce jeu de l'amour

ah, les amoureux comme toi
et moi
donnez à ce monde vos principes
de rien d'autre
que de l'amour

s'agissant de la religion , on a murmuré
' ' même les Dieux ne croient pas en Dieux.' '

Les dernières pluies

Il y a des cieux de votre côté
que je désire aujourd'hui
le mousson de mon côté
rebelle
doit être à la mode
dans ces régions , de ne pas reculer
de s'attarder encore, plus que nécessaire
c'est fini les jours
où ils reconnaissaient les indices

les chansons de pluies
actuellement se fuient du toit
celui que je veux déshériter
les pluies ne s'arrêtent pas
donc , elles envahissent mon premier brouillon
de scénario de film qui ne se réalisera pas

il se termine par les nuages
menaçant les deux
les vêtements sur une corde à linge
les oiseaux sur le fil métallique
l'avenue devient simplement plus sombre

les cieux dont je désire maintenant
se réfugient en bleu
d'une robe d'été à fleurs
que j'ai jeté il y a une quinzaine de jours

Les pluies nous
survivront tous
est le refrain familier
de nos virtus …
de nos vices …

Le baiser mortel

Ne laissez pas votre baiser être
qu'un baiser
laissez-le devenir un juron
laissez-le siffler
laissez-le devenir vulgaire
laissez-le déshonorer

laissez votre baiser avoir le pouvoir d'effacer
d'autres baisers qui se sont produits
avant le vôtre
rendant tout le contact et les caresses précédents
d'importances décroissantes (dépourvus de sens)

laissez votre baiser
toucher les cicatrices et la peau qui ont commencé à s'écorcher
des lieux dont je n'ai pas connu, qui pourraient se guérir
laissez votre baiser être juteux sur vos lèvres
aussi hydratant
que je n'ai pas besoin de baume
pour des siècles à venir

laissez votre baiser
me faire oublier
comment tout a commencé
où nous nous se tenions debout

quelque part dans le fond
le crescendo d'une pièce de musique à peine familier
le monde est un cercle
et nous nous tournons.

Se rencontrer de nouveau

Je te rencontre dans mes ablutions quotidiennes
Je t'absorbe dans ma serviette
Tu pèses lourd dans mes pensées actuellement
un peu penché
sur une corde à linge

Tu me manques dans le silence de la soirée
où nous avons survécu plusieurs tempêtes calmes

simplement pour te rencontrer de nouveau
dans le livre que je dévore la nuit
dans l'espace entre deux histoires d'amour
l'une où l'on se rencontre
l'autre où on ne peut jamais s'unir.

Bougainvillier

Comme tu te suspendais sur ces murs
et ces toits en tuiles
mon souvenir obturé
de ton vieux printemps
du rouge magenta au prune
J'en ai vu
plusieurs fards
sur ta vigne
bougainvillier
nulle ne peut explorer mieux que toi

Je t'ai vu valser
à l'heure d'été
durant une douzaine de romans d'amour
tu relatais d'année
en année

les amants ils s'enlaçaient
comme tes fleurs roses
contre tes murs ils se penchaient
sans retenue ils débordaient d'émotions
dans milliers de sens

l'amant tropical
comme nous le savons
n'était jamais fait pour être séduit
par un lit de roses prosaïque.

Dans aucun sens particulier

D'un jour
à l'autre
une escalade

tu te bats pour tenir le coup
tu t'appartiens à un gouffre
pas d'une île
mais d'un continent
bondé et gonflé

tu erres, égaré
comme des bancs de poissons fuchsia
d'une ville inconnue
intensément asthmatique
expulsé de l'eau
cherchant une zone familière dans la cité
qui a changé sa démographie
se retrouvant qu'avec un enregistrement
de film étranger
sans sous-titres.

Donc on attend

Salles d'attentes
dans les gares
nous priant de faire une pause
mais nous ne voulons pas

on achète tous les récipients en promotion
nous laissons les tasses contenant du café
les crochets accrochant les serviettes
derrière les portes de salles de bain
nous laissons les portes stylos garder nos stylos

et puis on découvre
que les mers ne peuvent pas soutenir les océans
donc on pourchasse les fissures
dans les maisons que nous ne réparons pas
pour soutenir notre obscurité

les utérus de substitution
qu'on trouve tous les jours
pour jouer au cache-cache
avec nous-même.

Coloré insensé

Un peu de toi
un peu qui m'appartient
marginaux de la société
de cartes de vœux de Hallmark
et de bavardages

où sont les explorations langoureuses
l'objectif qui flâne ou regarde à peine
la raison précipitamment
pour être audacieux et élégant, des moments perdus
se mettant au courant des nouvelles du petit matin

temps solitaire
où nous plongeons nos thés
avant que l'ennui s'étale
dans nos soirées tardives
il n'y a pas si longtemps
qu'il y avait des milliers de façons
décrire le soleil couchant.

S'agissant de tout durant une journée de travail

Où irez-vous ?
Quand vient le crépuscule
le soleil décevra finalement
combien pourra-t-il   vraiment protéger
Avec sa chaleur

où irez-vous ?
les fleurs ne sont plus éclosent
les pétales qu'ils ont détruits
laissent une piste de répression
vous les avez vues écrasées
l'une après l'autre

où irez-vous ?
Quand les nuages s'éclatent
c'est fini le mythe du bleu ciel
vous vous s'accrochez au parapluie
déterminée   de vous couvrir
mais il se tire toujours
de l'autre côté
et vous cherchez à cimenter
ces crevasses
dans une maison souffrante
avec un foyer usé
et vous vous demandez
où oh où irez-vous ?
Dans la nuit.

Les prunes de l'été

'The plums I plucked
last summer' –
« Les prunes que j'avais cueilli
l'été dernier »
je le disais à haute voix en anglais
sans succès
ni avec l'allitération
ni avec une phrase difficile à prononcer

Je me demande quel est le bon mot
'picking' – cueillir ou *'plucking'* – plumer (ou épiler)
J'ai demandé
en aucun sens particulier

ma tante avec le Grammaire du Nazisme dans son sang
me dit que c'est *'picked'* – « cueilli »

'*plucked'* – plumé (ou épilé) était attribué aux plumes
par le Gouvernement
'I plucked my eyebrows yesterday' –
j'ai épilé mes sourcils hier
en s'ennuyant

mon amant les aiment toujours naturels
les prunes cette fois-ci
probablement ne dégarniront pas

ma tante avait choisi deux tabourets en bois
pour nous s'asseoir
et à l'ombre d'un arbre d'été
nous discutions à propos de la corruption dans la cité
la mort n'avais toujours pas quitté les environs

nous prenions notes du moisson
comparant ce d'une année à l'autre.

Soyez une visiteuse pour s'évader de la routine

Parfois
c'est bien d'être une visiteuse
il y a assez de jours
quand les cités vous emmènent
à leur voies de service

assez de temps
où une cité vous restera fidèle
comme une farce au lycée
du *chewing gum* dans les cheveux et la jupe

fin de semaines
marchant dans une cité étrangère
désirant à comprendre
sa langue
absolument voulant impressionner cet étranger
dont vous avez rencontré la nuit dernière
lui demandant
ce qu'il veut pour le petit déjeuner
dans sa langue maternelle

assez d'années
que les cités grandissent
comme de mauvaises herbes dans la cour
le temps où la laideur vous éblouissait aussi
le temps où vous ne vouliez pas
que vos balades sur les ponts Cantilever se terminent

parfois
c'est bien d'être une visiteuse
réjouissant du soleil
posant près d'un rocher
lançant trois pièces
faisant des vœux dans cette fontaine

un massage , un spa
rien de mieux
quelques brochures et cartes postales
une douzaine d’allumettes bizarres
dans une petite boite d’allumettes
avec le nom de l’hôtel estampé au-dessus
pour le ramener à la maison.

Poussant les portes

Un doux été calme
l'imprudence de votre jeunesse
'Stairway to Heaven' vous le cherchez
ce dont vous avez partagé à deux
ce bar louche
ces porte nacrées qui s'ouvraient
à la hauteur du vallée reniflant ce qui se répandait
les porte-jarretelles et d'autres

des conversations avec de vieux amis
vous pourrait dire que cela devenait insensé
les discussions forcés dont vous évitiez
quand vous ressentiez leur fin
et les portes ouvertes par hasard
à des conversations si rares , si profondes
les gueules de bois persistantes
des métaphores que vous utilisiez

quelques entrées alléchantes
un avant-première où vous avait pleuré
quelques-unes destinées de vous hanter dès votre naissance
mais vous en aviez jamais parlé
les portes dont les sonnettes que vous aviez sonnées en marchant
sur la pointe des pieds
une pouce ajoutée à la taille
ou vous croyiez ainsi jadis

les portes comme nos rêves
se reproduisaient pour toujours
pivotant des thèmes

la vie n'a jamais été à propos des maisons où nous habitions
où celles où nous n'y avions pas
mais plutôt à propos des portes
celles qui s'étaient ouvertes pour nous
et celles –
dont les seuils nous n'avions jamais pu franchir.

Remerciements

Merci à Archan Kumar Dey, Sharad Raj, Monish K Das, Pawan Sony, Arvind Joshi et Deepali Bhardwaj qui lisaient mes poèmes régulièrement avec l'esprit critique. L'heure avait sonné quand Arvind Joshi, un poète bilingue accompli me dit « Vous y êtes enfin ! C'est ce que j'appelle de la poésie ! » Sharad Raj, car à lui m'avait conseillé d'être honnête avec moi-même et de laisser dévoiler le mal (sinistre) de l'intérieur et celle de la société. Merci à ma muse, Vasanthi Swetha.

Comment omettre deux étapes spéciales de ma vie. La première : d'être membre du Jury pour 'All India Poetry Competition' organisé par 'Cocoa Butter' et aussi d'avoir co-éditer leur première anthologie, imprimée provenant de ce concours. Donc, un grand merci à Cocoa Butter.

La deuxième : d'être inclus dans le livre ' POSTMODERN VOICES – VOLUME 4' qui fait partie de 'World Literature India Series' où j'étais parmi les poètes internationaux à être interviewé et qui intitulait quinze de mes poèmes. Un autre entretien intéressant fut publié dans le livre ' 21 st Century Critical Thought – A Dialogue with Post-Modern Voices – Volume 2' que lui aussi fait partie de ' World Literature India Series' où les chercheurs ont été interviewés à propos de l'aspect théorique de la poésie et de divers styles de poésie et leur évolution et les défis contemporains. Merci beaucoup à Dr. Jernail Anand pour cela.

Ma sœur a été une personne clé de ce parcours. Même avant que j'avais commencé à soumettre aux revues littéraires spécifiques et des site zebs littéraires prestigieux et d'être acceptée, ma sœur m'a toujours encouragé dans ma poésie. Elle a lu plusieurs de mes poèmes aux évènements culturels à Pittsburgh (USA). Mon poème 'Outsider' qui un reçu un 'Special Commendation' à Destiny Poets UK (Mars 2024) était lu par ma sœur durant un évènement en ligne organisé par Shetubondhon , un évènement de Pennsylvanie regroupant les artistes à travers le monde. En 2016, mon poème, 'Keep borders soft' fut partie d'une lecture de Poésie à l'Université de Pittsburgh.

Ecrire pour moi est au-delà d'une simple envie ou un péché mignon occasionnel. Il est maintenant et est devenu une partie de ma vie. Je n'écris pas tous les jours. La poésie vient quand elle le veut. Parfois, trois fois par jour, parfois, rien pendant trois mois. Gribouillée des pensées aléatoires dans un carnet de notes est fait presque tous les jours. Donc, le but est de ne laisser rien d'essentielle s'échapper. Dès que ma poésie a progressé, j'ai constaté qu'elle était éparpillée partout – dans les fichiers drafts et divers espaces de mémoire comme des réponses sur les notes de réseaux sociaux. Donc, l'idée c'était que ce recueil constitue de tous mes poèmes soient dans un seul lieu.

Merci à la poétesse, Kashiana Singh pour la préface parfaite. J'ai l'honneur d'être soutenue par quelqu'une d'une telle réputation. Kashiana Singh est une poétesse, auteure, et conférencière de Ted et aussi une voix Indienne puissante en Amérique – brisant les frontières et une inspiration pour beaucoup d'autres.

On dit du cinéma « la perception de réaliser un film est l'invention des critiques – toutes les expressions du cinéma est faite dans la salle d'édition (montage). J'ai donc ressenti le besoin d'un éditeur et son équivalent dans le monde littéraire, après avoir remis mon manuscrit à la magicienne de lettres, Candice Louisa Daquin. Nul besoin de la présenter mais je le ferai quand même. Candice Louisa Daquin est d'origine Franco Egyptienne. Elle était collaboratrice de la revue de poésie, Rattle et The Northern Poetry Review avant de devenir rédactrice en chef de Indie Blu(e) Publishing et de Blackbird Press. Elle est aussi écrivaine en résidence de Borderless Journal et éditrice de Poésie et d'Art de The Pine Cone Review et Parcham Literary Magazine. Ce livre aurait moins de sens sans elle. Merci mille fois.

Gurcharan Das, le célèbre auteur et dramaturge a dignement écrit quelques mots à propos de ma poésie et la valoriser. Je lui suis reconnaissante d'avoir consacré son temps à lire mon manuscrit malgré qu'il travaillé dur sur son projet artistique. Merci aussi à Duane Vorhees pour écrire un résumé pour ce recueil.

Je n'avais jamais imaginé que mon livre serait traduit en deux langues principales et ainsi je l'inclus dans mes remerciements.

Je suis ravie que le recueil a été maintenant traduit en grec par le Writers International Edition et je remercie de tout mon cœur Irene Doura-Kavadia pour cette traduction enrichissante.

Comme la version française de *Mannequin of Our Times* sera bientôt accessible aux lecteurs francophones je me réjouis en transe. C'est la matière dont j'enseigne. Je ne voulais pas le traduire moi-même car je voulais m'éloigner et laisser quelqu'un d'autre le faire. Et qui en pouvait faire mieux que Vatsala Radhakeesoon, une traductrice de renom qui a parfaitement atteint l'âme du recueil de poèmes et en faisant cela a touché mon âme aussi.

Un grand merci à tous les groupes de Facebook qui m'ont offert la chance d'expérimenter avec ma poésie et m'ont soutenu, spécialement merci à Significant League. La participation en NAPOWRIMO en 2022 était enrichissante.

Finalement, je voudrais remercier toutes les revues et éditeurs locaux et internationaux et sitewebs qui ont publié mes poèmes tels que Scarlet Leaf Review, Spillwords, Destiny Poets, Piker Press,Grey Sparrow Journal, The Drabble, Harbinger Asylum ,Lothlorien Poetry Journal, The Quiver Review, The Writing Disorder, Madras Courier et Bard and Prose.

Biographie de l'auteure

Vandana Kumar est enseignante de français, traductrice, conseillère en recrutement, cinéphile, réalisatrice de films indépendants et poétesse résidant à New Delhi en Inde.
Si cela parait difficile à jongler , eh bien, elle est aussi conseillère en orientation professionnelle dans le domaine de la poésie et elle a été invitée aux plusieurs établissements éducatifs s'agissant de cela.

Ce qui permet à Vandana de gérer cette polyvalence dans sa vie est sa vision que toutes les pistes se croisent ; elle a un grand amour pour les mots et la créativité. Elle se sent revitalisé par l'expression créative, que ce soit en aidant les autres à le faire ou en créant la sienne. Il y a une grande appréciation des mots écrits et de ses contemporains, des films, des langues, de la traduction et du savoir. En fusionnant toutes ses passions, Vandana reste ouverte à son expérience d'écrivaine, de penseuse et d'enseignante.

Etant réalisatrice de films indépendants, Vandana Kumar a été associée au cinéma indépendant et des films comme *Ek Betuke Aadmi ki Afraah Ratein* qui était projeté au Festival du Film de Toulouse en France et était sortie au cinéma en septembre 2023. Elle a aussi co-réalisé le film indépendant *Weekdays & Weekends*, disponible sur les plateformes numériques. Ses articles à propos du cinéma sont parus régulièrement sur les sites web tels que *Just Cinema* et le *Daily Eye*, le *Free Press Journal* et *Art Amour*.

Ses poèmes ont été publiés sur les sites web locaux et internationaux tels que *Mad Swirl, Scarlet Leaf Review, North of Oxford, Spillwords, Grey Sparrow Journal, Lothlorien Poetry Journal, The Piker Press, The Writing Disorder, The Drabble, Bard & Prose, Dissident Voice, Borderless Journal, Madras Courier, Outlook, Ink Pantry, Backwards Trajectory, The Daily Pointers, Synchronized Chaos, everywritersresource.com, The Flying Dodo, ILA Magazine, Masticadores, Medusa's Kitchen, Glomag, Different Truths, Reader's Choice, Horror Sleaze Trash, Coffee and Conversations* et *Fevers of the Mind.*

Elle est aussi incluse dans les revues littéraires telles que *Fine Lines* et *The Stray Branch* et les anthologies, *Harbinger Asylum*, *The Kali Project, But You Don't Look Sick, An anthology of Contemporary South Asian Poetry* etc.

Ses oeuvres ont aussi paru dans plusieurs anthologies humoresques comme, A*nimal, Vegetable Mineral –Light verse about life and other heavy things*' et *'What's the Fuss ? Ask the editor*.

Vandana était parmi les 40 poètes participant dans le *India Pro 2023* Festival organisé le 23 juin en Serbie. Son poème y était traduit en serbe, inclut dans le *Pro Poet Anthology*. Elle était aussi membre du Jury pour l'*All India Poetry Competition*, organisé par *Cocoa Butter* et aussi co-éditrice de leur toute première anthologie provenant de leur concours littéraire. Elle a été parmi le Jury à l'*All - India Poetry Recitation Competition*, organisé par le *Taxation Department of the Government of India* pour les écoles à travers le pays.

Son premier recueil de poèmes, *Mannequin of Our Times* a été publié en février 2023 par *World Inkers Printing and Publishing.* Le livre a été décerné les prix littéraires *The Panorama International Book Award 2023* et *Mighty Pens Awards 2023.* Elle a aussi été nominée pour le *Pushcart Prize* de Poésie en 2023. Les interviews à propos de son premier recueil étaient parus dans le *Daily Eye, The Guardian* etc. Son parcours littéraire a été aussi cité dans le magazine, *Femina. Mannequin of Our Times* a aussi reçu des critiques dans les journaux et revues littéraires comme le *Contemporary Literary Review India* et *Austria's Tint Journal.*

Vandana Kumar a tout récemment reçu le *Asian Literary Society's 2024 Certificate of Excellence Awards* dans la catégorie du meilleur recueil de poésie et *Women's Achievers Awards for Literature.* Elle est actuellement éditrice de poésie au *Reader' s Choice Magazine*, une revue trimestrielle publiée par *AABS Publishing House* et elle était l'invitée d'honneur au *Global Vision Summit 2024* organisé à Athènes, Grèce.

Sa poésie est figurée dans plus de 100 sites web, revues et anthologies provenant de l'Inde, les Etats Unis, le Royaume Uni, le Canada, la France, l'Espagne, l'Iran, le Singapour, la Serbie, et la Turquie.

Mannequin of Our Times est maintenant disponible en version grec avec une nouvelle couverture et un nouvel avatar. Le livre a été lancé à Athènes au *Global Vision Summit 2025.*
Vandana a présenté un exposé ayant le thème de *Volunteering and Translation as Bridges of Culture and Agents of Human Empowerment.* Elle était aussi la seule poétesse originaire de l'Inde parmi les gagnants du *Global Icon Award* de cette année.

La franchise et la douceur en équilibre

par Vatsala Radhakeesoon, Traductrice et Poétesse, L'Île Maurice

Quand Vandana Kumar m'a demandé de traduire son recueil de poésie *Mannequin of Our Times* en français, je l'ai accepté tout de suite car je voulais absolument travailler sur les nouvelles œuvres littéraires contemporaines. Traduire des textes de la littérature Indienne a été toujours mon rêve dès le jour où j'avais lu La flute de l'infini – les poèmes de Kabir, traduit en français par André Gide d'après la version anglaise de Rabindranath Tagore.

Etant artiste-peintre et poétesse, le titre du livre a remué ma curiosité féminine et je me suis lancée dans sa lecture, puis mise à le traduire.

La poésie de Vandana Kumar jongle les mots entre douceur et franchise – le juste milieu des émotions poétiques, allant tout droit au fond du cœur et de l'âme , sans jamais blesser la sensibilité humaine. Cet équilibre remarquable est constamment présent dans les écrits de Vandana. Les vers de la poétesse se transforment en fleuve débordant d'énergie et de la tendresse – un mélange de l'étincelle de feu vif signifiant survivre à tout prix et le calme de l'eau, affaiblissant tout le bruit de l'euphorie mondaine.

Mannequin de notre époque y est déjà et restera pendant des siècles l'un des livres à lire et à relire pour tous les amateurs de la poésie.

www.ingramcontent.com/pod-product-compliance
Lightning Source LLC
LaVergne TN
LVHW010106110826
845155LV00028B/511